心雲心語

郭心雲 著

文 史 哲 詩 叢
文史哲出版社印行

國家圖書館出版品預行編目資料

心雲心語 / 郭心雲著 -- 初版 -- 臺北市：
文史哲, 民 106.09
頁； 公分（文史哲詩叢；135）
ISBN 978-986-314-391-8（平裝）

851.486   106016372

文 史 哲 詩 叢　135

心 雲 心 語

著　　　者：郭　　　心　　　雲
出 版 者：文 史 哲 出 版 社
http://www.lapen.com.tw
e-mail：lapen@ms74.hinet.net
登記證字號：行政院新聞局版臺業字五三三七號
發 行 人：彭　　　正　　　雄
發 行 所：文 史 哲 出 版 社
印 刷 者：文 史 哲 出 版 社
臺北市羅斯福路一段七十二巷四號
郵政劃撥帳號：一六一八○一七五
電話 886-2-23511028・傳真 886-2-23965656

實價新臺幣三○○元

二○一七年（民國一○六）九月初版

自　序

　　我喜愛詩，卻不擅於寫詩，偶爾對人生百態深深有感，忍不住也提筆寫下幾行短詩，以抒發心情。

　　詩是作者心靈的活動與寄託。用簡潔的文字，精緻的語言，書寫對人、事、物的唯美與感傷，所觸及引發的情緒波動。人一生在歲月流轉中，心境往往也會隨著社會環境的變動，或人事更迭而轉變：年輕時的衝動，中年時的理智，遲暮時的淡定，讀者由詩作中可以窺視或感覺到，而引起共鳴。

　　我年輕時因家庭與工作兩忙，無法追求自己喜愛的文學夢。步入中年才開始學寫作，我寫散文、短篇小說、兒童文學，詩則偶一為之，作品雖少，可也留下了這些年來，所見所聞心情的寫照。

　　在我十七本的著作中，這本〔心雲心語〕是唯一的詩集，本來我一直不想出版，時至今日，忽感歲月匆匆，那就當作也曾在詩的路上留下的足跡。

　　　　　　　　　　　郭心雲　寫於 2017 年秋

心雲心語

目　次

卷 一 夢 迴

日本北海道荒原上的黑百合

流 浪 者

怎麼又回到這河邊小巷
我的花傘和褪了色的牛仔褲
斷了弦的吉他
和沉沉的黑色背袋

雜貨店的老闆説
童年的玩伴都星散
河邊茶棚傾圮了
月下琴聲已幽寂

我抱著疲乏的步履
輕輕拾起幾片雞蛋花瓣
像具幽靈
杳無聲息地飄出了小巷

（中華日報副刊，1988 年 6 月 11 日）

古　道

內寮溪的流水
繞著青青的田疇
一路琤琤琮琮
由遠古唱到今朝

野薑花的芬芳
伴著我的步履
經過斷橋、石階
由蠻煙荒林中走上了草嶺

蘭陽在望
太平洋的濤聲震耳
嶺上的風
亙古不休的咆哮

我踩著前人的足跡
不說山路崎嶇
不想虎字碑前的辛酸
那是一首懷古的歌曲

(中華日報副刊，1987 年 12 月 11 日)

夢　迴

在遠去的歲月裡
總愛把故鄉的小河
搬回夢中
夢裡河邊初長的蕨菜
依然青嫩

在遠去的歲月裡
耳邊依稀傳來母親的呼喚
阿雲　到河邊摘把蕨菜回來吧
河水載著童稚的笑靨
悠悠地流逝

在遠去的歲月裡
總愛在夢中尋覓
故鄉的小河
河邊的蕨菜
指縫　漏下了的童年故事

(青年日報副刊，1988 年 5 月 26 日)

秋

風　起自原野
樹林輕輕地搖曳
颯颯的落葉
幾許的蕭瑟

陽光溫柔的穿越林間
林下的草地
紡織娘低聲的吟唱
牽動了秋蟬底心事

幾聲悲嘶
喚醒了籬邊的雛菊　而
園中的玫瑰
且和秋蟬　共譜
夏日最後之歌

(青年日報副刊，1987 年 10 月 19 日)

寄

天邊飄盪的白雲　是我
相思的翼子
游子啊　你可曾
停下流浪的腳步
回眸凝望雲端
細讀遠方的來箋
我枯坐西窗下
守住窗外一角的藍天
苦候北雁南飛
捎來你的音訊
遊子啊　你別説
流浪的日子有風也有雨
長長的旅途佈滿了寂寞
但是啊　遊子
秋來的花木都會結果實

(青年日報副刊，1987 年 11 月 30 日)

山中雨霽

太陽終於露臉了　揭去
山頭那層覆面的薄紗
樹林嘩地一聲笑開了
成群的青笛兒
跳躍如音符
滾落在樹梢間
喧鬧成一片
密草叢裡的竹雞
不甘寂寞
咕咕連聲
林下的小花小草呀　忍不住
探出頭來看個究竟

(青年日報副刊，1989 年 4 月 18 日)

卡薩洛瑪城堡

美麗的愛麗絲
當秋風拂過卡薩洛瑪城堡的上空
庭前的楓葉展現醉人的酡顏
勿忘我朵朵散落在你曳地的裙邊
我們陶醉在華爾茲的旋律中
互訂白首之盟

這青石堆砌的城堡
每塊磚石都有我的冒險故事
原想建這城堡
和妳相守一生　　誰知
美麗的愛麗絲
你卻早早離我而去

華爾茲的旋律中斷了
心愛的馬兒閒置在馬廄裡悲嘶
血汗凝聚的財富已散盡
往日的繁華頓成鏡花水月
只遺下這城堡給我們惟一的孩子

誰知
他竟拋下一切寧願去流浪

啊　從此我又一無所有
只願此身化作一縷輕煙
長住堡上
日日聆聽遊客的腳步響遍
堡上的晴空常常飄著一朵白雲
那是妳嗎
我親愛的愛麗絲

(青年日報副刊，1988 年 11 月 22 日)

我　願

星光燦爛的晚上
我願是曠野中的一朵野菊花
在清冷的星光下吐露幽香
星子說
我是流浪的族群
恆久漂泊在天涯

星光燦爛的晚上
我願是曠野中的一彎溪流
踩著潺緩的舞步
邀星子
輕輕滑過夜空
譜一首永恆的鄉愁

星光燦爛的晚上
我願是曠野中的旅人
摘朵野菊花
唱首永恆的鄉愁

循星子指示的方向
消失在曠野的盡頭

(青年日報副刊，1989 年 3 月 10 日)

沙烏地阿拉伯的鴿舍

新　娘

我向天空借一片白雲
當作妳底面紗
向野地借幾朵春花
點綴妳底鬢邊
向夕陽借一抹胭脂
染紅妳底雙頰
我又向堅石與碧海
借幾許深情
移植妳心中　　然而
白雲旋即飄散
春花也易凋謝
胭脂總會褪色
當　海枯石爛
妳底深情
是否永不移

(青年日報副刊 1989 年 5 月 20 日)

運河晨昏

當清晨的第一道曙光
吻上了我的臉
浣衣女子
踏蒼階而下
腕上的玉鐲不經意的滑落
濺起一陣水花
擣衣聲連連
遠接上長安的一片月
當晚霞染紅了我的臉
雁群由遠方劃過天際
點點帆影
搖櫓聲急
船兒緊跟著船兒
挨挨擠擠
由隋唐延續至今

運　河

(青年日報副刊，1989 年 7 月 25 日)

雨　季

說什麼都是過去了
在這雨季
何不學指南山下的流水
施施然
不帶走一片雲影
愛情最美的時刻
總是在　當初
兩情相悅
凝眸注視的一霎

在這雨季
我又想起了　當初
唇邊不覺浮上一朵揶揄的笑
笑那日漸蒼白的生命
依舊欠缺濃烈的血澤
只因愛情那杯酒
苦澀難嚥

說什麼都是過去了

那炙熱企盼的眼眸
耳邊迴盪的情話
夢裡現實裡的盟誓

說什麼都已成過去
得與失原是一體的兩面
何不學得灑脫些
揮一揮手
什麼都不留下

(青年日報副刊 1989 年 6 月 30 日)

長城悲歌

為什麼自一九八九年六月四日以後
人們裹足不前
那萬頭鑽動的景象已成為我歷史的扉頁
拍照者閒散地燃著紙菸
一支接連一支
猛然間彈出了一片迷霧
駱駝好像由空氣中嗅出了什麼
日夜不安地踱來踱去
成串成串的駝鈴碎落在空階
我仰首望向北京城
天地無語
風兒急急掠過
捎來天安門廣場的悲劇
啊
我那年輕的孩子
那豪情萬丈的孩子
那曾經在我懷裡哭過笑過的孩子
我忍不住臨風灑淚
我的烽墩上早已不再冒出烽火

城堡裏也不再存有武器
為什麼歷史的悲劇一再重演

(青年日報副刊，1989 年 7 月 27 日)

嘉　裕　關

月　湖

月湖靜靜地躺在屋後的山坳裡
湖岸林木幽幽
湖中水草淒淒　它
朝迎晨曦
暮送晚霞　偶而
風也蕭蕭
雨也瀟瀟
莫道月湖總是寂寞
春來的時候
水鴨已先輕輕劃破了湖面

(青年日報副刊，1989 年 6 月 30 日)

錦　屋

當秋來
玫瑰園中一片凋零
橋頭那株山芙蓉
卻以傲然的笑容登場

斜陽裏
河畔那叢荻花
無色無香
浸潤著秋光
冉冉而至

莫說山芙蓉與荻花
是一首寫盡蕭瑟的詩句
看啊　那籬邊的黃菊
如一盅一盅香醇的花雕
灌醉了陶潛

(青年日報副刊，1989 年 10 月 13 日)

野 薔 薇

五月
風已溫暖
雨也紛飛
野地的薔薇
妳為什麼沉默佇立在路邊
神態矜持而淡漠

以前妳不是這樣的
在黃土坡上
在荒澤野地
每當我走過妳身旁
妳總是熱情奔放
展出醉人的嬌媚
啊　野地的薔薇
難道是雷電的驚嚇
　　是霜雪的摧殘　還是
大地缺少了滋養

風已溫暖

雨也紛飛
野地的薔薇
妳什麼時候再展歡顏

(青年日報副刊，1989 年 9 月 8 日)

玫瑰珊瑚

夜　渡

月亮　請不要隨江水淌去
淌去了　江面多黑暗
漁家兒郎看不見姐兒的面
免不了思思念念

月亮　請不要隨江水淌去
淌去了　江面多黑暗
看不清綠綠的江邊樹
照不到迢迢的天涯路

月亮　請常住在江上
妳那溶溶的光
像母親溫潤的唇
撫慰著遊子的心

月亮呀月亮
今夕在返鄉的路上
偶然和妳重逢
請告訴我

妳的光　故鄉的容顏
是否和四十年前一樣

(青年日報副刊，1989 年 8 月 22 日)

雙溪公園大王蓮

古　塔

風由四面八方而來
牆角那面蛛網總是破了又補
補成一圈圈的年輪
塔簷下的燕巢傾圮了
不久總有新巢出現
磚頭沒有記憶
只有風霜雨雪的雕痕
塔身的裂縫　一年一度
長出幾簇碧綠的芳草
漠然向著藍天
窗櫺門扉雖早已不知去向
但　仍是無數孤魂的庇護所
千百年來　曾經烽火
曾遭雷殛
只是啊
不知還能走過多少個春秋

(青年日報副刊，1989 年 8 月 29 日)

卷 二 永 恆

九寨溝蘆葦海

永　恆

永恆是什麼
是紫禁城重重的宮闕
是天壇那棵九龍柏
是南京的一垛城牆
還是古帝王的陵墓

博物館陳列室中
長滿了綠銹的青銅器
殘缺的石斧、　陶俑
骨片上依稀可辨的圖騰
爭先恐後地展示它們的歷史
但　歷史並非永恆

永恆那裏尋
是往敦煌　還是到雲岡
是上黃河　還是下長江
長城該是永恆的吧
但　後人不是唱著
秦時明月　漢時關嗎

也許宮牆上的明月
也許西北的風沙
能告訴我
永恆只是一道痕跡

(青年日報副刊，1989 年 9 月 19 日)

土耳其卡帕多家

西　湖

昨夜我枕著蘇堤入夢
極想見蘇東坡一面
但是　詩人失約了
我只好癡癡地在柳浪中徘徊

今早我打傘冒雨上斷橋
想會一會美麗多情的白娘子
不料老法海遠遠的一聲棒喝
卻震垮了雷峰塔
徒留一堆瓦礫映夕照

人說西冷橋畔多墓塋
除了名將、名僧、名士和名妓
還有鑑湖女俠秋瑾
名僧、名士、名妓他們都安息了
岳飛卻仍吟唱著滿江紅
秋瑾猶握著筆
不知寫下憤怒還是煩愁

西湖啊
古人和今人都喜歡的地方
是歷史和神話使妳更美麗
還是歷史和神話因妳而更迷人

(青年日報副刊，1989 年 12 月 13 日)

醒　著

華盛頓的秋天
澄藍亮麗
波多馬克河悠然流逝

醒著
你靜靜地躺在河的臂彎裏
一睡百年
圓睜著雙眼
手曲張著掙扎
是痛苦　是驚悸　還是憤怒

彼岸的華廈
弦歌不輟
華府的外交官仍忙著酬酢
若是你還醒著
世界為什麼紛爭依舊

(青年日報副刊，1989 年 12 月 6 日)

註：醒著，為美國首都華盛頓近郊波多馬克河畔的雕像

雨

你為什麼不去流浪
終日以纏綿的步履
徘徊在陽明山上
那飄忽的雲霧
婉約如飛天的仙女
忽兒山前　忽兒山後
遠處傳來潺潺的流水聲
卻遍覓不著溪流底去處
只有滿地的松針
幾片滴血的楓葉

(青年日報副刊，1989 年 12 月 21 日)

落　英

走過紅茶花下
在水邊清香的花影裏
有些遙遠的夢境會重現
一地殘花　半池零落
片片花瓣　都是殘夢

是昨夜的風吧
還是北方遲來的春寒
昨日　妳酡顏如醉
今日　何紛紛飛離枝頭

走過紅茶花下
在水邊幽香的小徑上
有些禁錮的夢境會重現
殘花飄零
只為化為春泥

是昨夜的雨吧
還是春夢無痕

誰知　落花一去
再也覓不著那年的春天了

(青年日報副刊，1990 年 2 月 4 日)

紫藤園落花

風

昨夜
你來扣我的窗
我不理你

今夜
你又邀來惱人的雨
擾我入夢

我躲在陽明山上
本想在松下尋覓舊夢
你卻總纏繞著我
　　　纏繞著我

(青年日報副刊，1989 年 12 月 21 日)

異　鄉　夜

門樓漏出的燈光
怎麼稀釋
這稠稠的夜色

夜空燦爛的星光
怎麼照亮
夜歸人的路

終夜蟲嘶
怎麼喚不醒
沉睡的人兒

於是
在異鄉淒冷的冬夜
我瑟縮成荒原上的一縷幽魂

(青年日報副刊，1990 年 11 月 28 日)

草仔花

書中一枝草仔花
來自故國
來自頤和園
來自那一座不知名的庭院
庭院裏
沒有一株芍藥　一朵牡丹
全是這纖細泛白的草仔花

昆明湖的波光瀲灩
長廊的清風徐徐
吹亂了滿地的草仔花
卻吹不開光緒帝深鎖的眉

聽說
光緒曾經一度軟禁於此
鬱鬱終日　有志難伸
聽說
光緒形消骨立
蒼白如纖細的草仔花

聽說
唉！總是帝王家的事
且停下腳步
聆聽那滿院草仔花的細訴

(青年日報副刊，1990 年 3 月 15 日)

格陵蘭的夏天

寄 語

船行海上
有時風平浪靜
有時波濤洶湧
但求一處寧靜的避風港

人生的旅途
有時平坦
有時崎嶇
但求有個遮蔽風雨的家

家　須要細心的經營
以愛來灌溉
始能開出美麗的花朵
結出溫馨甜蜜的果實

(青年日報副刊 1990 年 3 月 24 日)

水　中　影

推開心靈那扇窗
也有一抹山影疊翠
　　　幾塊幽石　幾筆流泉
點綴

推開心靈那扇窗
也有絲絲垂柳拂面
　　　幾叢扶桑　幾株紫薇
爭艷

推開心靈那扇窗
也有石橋橫臥
　　　幾個俏麗的人兒
乍現

不意　一隻子孓闖入來
劃破雲影和天光
模糊了畫面
關上了窗

(青年日報副刊，1990 年 4 月 17 日)

五月之惑

晨霧初散
我走入這漫漫的一片天地
觀音的寶像未露
古剎的鐘聲
悠悠然踏浪而來

在這初夏的早晨
漁舟揚帆待發的時刻
我多麼想
遠離這擾攘的塵世

隨波渡到彼岸
尋求片刻的寧靜　而
觀音的寶像仍迷濛
古剎的鐘聲已杳然

（青年日報副刊，1990 年 7 月 3 日）

早　泳

湖水靜靜依偎在青山腳下
我乃一尾人魚
不知幾時愛上了那泓凝碧
像那淘氣的孩子
掀起漣漪無數

偶學蛙泅
遙遙與白鷺打照面
白鷺優雅地斜掠過去
投我羨慕的一瞥

偶學靜泊的扁舟
安臥在母親溫柔的臂彎
任湖上起霧
　槳聲漸近

(青年日報副刊，1990 年 7 月 3 日)

問

如果你一定要我把感傷
埋入心靈深處
我將如何抹去那份火熱的記憶

若果你要我
沿著寂寞低歌
你能否用你的愛
兜起我唇邊一度甜蜜的微笑

果真你任我
成為詩中的殘句
我是否該在夢裏把你遺忘

(青年日報副刊，1990 年 9 月 30 日)

雨　中　花

把苦澀的思念
揉碎成一片風雨
將滿腔熱情
潑灑成一片煙嵐
我是佇立山中的玫瑰

風雨喚我歸去
煙嵐緊纏著我
在如畫的山中
哭泣成泥地上的一攤殘紅

(青年日報副刊，1990 年 9 月 30 日)

黃山野菊

當霧起　天色轉暗　風轉冷
在那寂靜荒涼的懸崖上
從純白到絳紫
這裡一簇　那裏一簇
彷彿在訴說著千古的寂寞

當霧起　天色轉暗　風轉冷
遊人的跫音消失在荒涼的懸崖上
昨夜的星子
終於滾落到最深最深的谷底
啊　那是離人忍不住的淚花

風是琴弦
把濕冷揉碎成雲絮
將離愁化為縷縷輕煙
在荒寂的懸崖上
孤立成詩人筆下的一闋小令

(青年日報副刊，1990 年 11 月 11 日)

無　題

拾起一片鵝黃的雛菊
是雙粉嫩的小手
裝在胸前貼身的口袋
童年便淪入香甜的夢境

拾起一片雨後的玫瑰
是雙美麗的手
緊夾入日記的扉頁
是少女不能言說的戀曲

拾起一片冷艷的楓葉
是雙纖纖的素手
和入酒中
永是滴血的記憶

拾起一片曠野的雲
是雙歷盡滄桑的手
捨去雛菊　玫瑰和楓葉
是那顆漂泊的心

(青年日報副刊，1990 年 8 月 17 日)

油漫波斯灣

孤獨的海鳥
全身沾滿濃稠的黑油
像裹了一層麵糊待炸的鴿
無助地哀鳴

振翅難飛的海鳥
陷在黑色的油污中
驚慌失措
不知蔚藍美麗的海灣
怎麼突然變成恐怖的地獄

載浮載沉的鳥屍
散佈在死寂的海面上
圓睜著垂死前驚怖的眼
向上帝控訴

掙扎在生死邊緣的海鳥們
吶喊著
瘋狂的人類

你們是劊子手
　　劊子手

(青年日報副刊，1991 年 2 月 27 日)

希臘波羅斯島海灣

加拿大的湖

卷 三 雲 語

美國加州矽谷公園一隅

無　夢

無夢的夜晚
心　是一面無塵的明鏡
冷冷照出
從不言說的心事

無夢的夜晚
窗外的雨聲
聲聲敲在心坎上
恰似　訴說不盡的心事

無夢的夜晚
彷彿獨自走在無人的小徑上
前方濃霧茫茫
後有依稀的腳印

無夢的夜晚
幾許真實
幾許虛幻
層層疊現在心上

(青年日報副刊，1991 年 4 月 2 日)

生命的春天

青春
是輕快活潑的小調
是五彩繽紛的蝴蝶
充滿甜美和朝氣
充滿憧憬和期待

青春　亦如
門前的流水　一去不返
閃亮的流星　劃過天際
縷縷的輕煙　飄向長空

年輕的你
切莫蹉跎
緊緊把握
好好珍惜

青春
不過是容易凋零的花朵

(青年日報副刊，1991 年 11 月 4 日)

趙長城遺址

那一年
男丁們用土磚、米漿堆砌
我便以長龍之姿
盤繞在鄂爾多斯高原上
如母親的臂彎護衛著
趙國的子民

漢家的兒郎曾經直搗塞外
匈奴的鐵騎也曾踏進中原
昭君一曲琵琶怨
恆久在漠南的天空
迴盪　迴盪！

戰國的烽煙已渺茫
朝代的更迭
總是人間的悲歡

歲月無情
千年底滄桑

只留下一垛殘壁
任後人在落日下歎息

(青年日報副刊，1991 年 9 月 23 日)

鳴　沙　山

花　海

也許昨夜的沙漠
星空太擁擠
擠掉了一些星子

也許昨夜飛天仙女
步履太匆匆
遺落了一些珠釵

也許昨夜的高岡
風兒太猖狂
蒲公英連夜搬了家

終於　我明白了
無邊無際的草原
為什麼美麗如許

（青年日報副刊，1991 年 11 月 28 日）

雲 語

山　永遠是謙虛的君子
白雲是不著墨的
靜靜舒卷
在一無警覺之下
無聲無息掩至

松　是傲立天地間的孤客
白雲喜來作伴
風兒愛來戲弄
青松總是默默

如果
山的謙謙風度
松的傲然風骨
不能令你感動
那麼就讓我
哭泣成一朵流浪的雲

(青年日報副刊，1991 年 2 月 20 日)

蛙

我正和夜神娓娓交談
冷不防　你在窗外呼喚我
追到門前
你跳到池塘裏
追到池畔
你靜默無聲
一跺腳　不想理睬你
你又頑皮地蹦到草地上
對我唱起情歌來
萋萋草原　你躲藏何處
我失望地轉身回房
繼續赴夜神之約
你卻悄悄跟蹤至我的枕邊
歌唱到天明

(青年日報副刊，1991 年 12 月 9 日)

喜 春

滿園繁華
是關不住的春天

摘下串串紫花
裝在心靈的口袋
青春便淪入香甜的夢境

紅艷凝香
怎麼稀釋
這濃濃的春意

莫道
青春只是一瞬
春色終歸年年

(台灣日報副刊，1993 年 3 月 25 日)

如 夢

深邃的蒼穹
閃耀著數點寒星
曠野蟲聲唧唧
旅人燃起了一堆營火

熊熊火焰
是原始之夢
是一觚香醇的玫瑰花露
不飲自醉

低迷的歌聲牽引著我的心
飄離了我的軀體
奔向那火焰
在這初春如夢的晚上

極 短 篇

點燃一對紅燭
長長的燭身
鏤刻著山盟海誓

看它漸漸融化
看它留下滴滴紅淚
看它被燭淚淹沒

五更將盡
蠟炬成灰
美麗的誓言
已無從尋覓

(青年日報副刊，2010 年 3 月 20 日)

草原即景

地平線升起一抹曙光
輕輕揭開大地的面紗
蒙古包瀰漫著奶茶香
羊兒爭先恐後衝出柵欄

風兒不來
遠方馬嘶陣陣
旋即　揚起一片沙塵
這是一天的開始

(青年日報副刊，2010 年 3 月 20 日)

四　季

春天的詩篇未寫完
迎春花兒早凋謝
漫漫長夏
夏日赤炎炎
不覺
秋的腳步又近了
似火紅葉
轉眼飄零
冬眠猶未醒
雪已漸融
歲月底巨輪　總是
杳無聲息地輾過　而
年獸的跫音
只在季節變化時

(青年日報副刊 2010 年 3 月 20 日)

暮　色

火紅的夕陽
一不小心便滑落山後
遠山迫不及待的蒙上一層面紗
山腳
誰家的炊煙裊裊
碧湖猶捨不下幾許淡淡的光影

亭外　黃葉和蘆葦
在風的追逐下
喧嘩
白鷺匆匆歸林
夜
由天際拉開了序幕

島上一夜

來到北方的小島
沙灘上迤邐而去的足跡
總在漲潮時隱沒
浪濤拍打著岩礁
海鳥忽起忽落
跳著永不厭倦的舞曲

遠來的客
相隨的是夢
島上一夜
耳畔盈滿浪濤聲
一拍又一拍

門縫鑽進絲絲涼風
伴我入眠
夢寐之間
輕輕訴說著海的柔情
你底情話

(青年日報副刊，2017 年 1 月 9 日)

吳哥窟之美

歲月的滄桑爬滿了
吳哥窟　　如同
千百條巨蟒般的樹根

爬上高大的牆垣
鑽進窗台隙縫
爬撲在地面上
盤根錯節　　緊緊纏繞
石磚堆砌的宮殿、寺廟、塔林
以及高棉的微笑

日久天長　　森森林木
吞噬了整個吳哥古城
是戰爭是瘟疫或其他
滅絕了人煙
摧毀了興盛繁華的王朝
因而　　被世人遺忘了

時間的巨輪無聲無息的輾過

沉睡深深的古城
一睡數百年
當它重新被喚醒
已變成一片遼闊的廢墟
色彩斑剝支離破碎的斷垣殘壁
掩不住
它過去的燦爛輝煌

人們震驚吳哥古文明的偉大
讚歎建築的壯麗
讚歎雕刻的精美
讚歎歷經苦難　依然
靜穆安祥的高棉微笑
還有　那無所不在
滄桑之美

高棉微笑

日落時分

風兒由對岸的觀音山
捎來濃濃的秋意
深深籠罩著河岸老街

坐在星巴克窗前
邀窗外晚霞
共啜一杯香醇的咖啡

淡水河口的日頭
在鳥兒的唱晚聲裏
匆匆沒入海中

天邊的星空
掀起漩渦狀的流雲
恰似梵谷燃燒的靈魂

(青年日報副刊，2010 年 1 月 14 日)

本　事

從鉛筆機削落第一片木屑
童年便有了記憶
稚嫩的小手
緊緊握住裸露的筆芯
歪歪斜斜寫下歡樂和苦惱

鉛筆機不斷的轉動
削落的木屑
一片又一片
如同刨去的年輪
一年又一年

到了某年某月的某一天
不覺就輕輕唱起
記得當時年紀小
我愛談天
你愛笑……

藍與白相遇

如果藍白雙色代表正直潔淨
可以作為政黨的旗幟
群眾穿上藍白拖
走上街頭抗議尋求正義
可以走出團結與堅持

地中海島上櫛比鱗次的房子
有白色粉牆　藍色門窗
可以美麗又浪漫

台灣北海岸
那棟藍白色的咖啡館
我悠閒流灠無敵海景
眼眸所及
藍天下白雲朵朵浮動
在藍白相遇的霎那
頓悟
那是織夢的開始

一口咖啡

淺啜一口咖啡
觸動舌尖上的味蕾
有些微的苦澀、酸甜和香醇
含在口中
細細品味

苦澀是困頓坎坷的童年印象
酸甜是奮發向上的青壯時期
香醇猶如安祥靜好的黃昏

端起杯子
再啜一口咖啡
想丈量過往歲月悲歡的濃度
卻在記憶的鐘聲裏淡去了

(青年日報副刊，2016 年 4 月 21 日)

童子拾果

卷 四 交 錯

大 白 鶴

白鶴慢飛

去年秋冬時節
一群白鶴從西伯利亞往南遷徙
途中一隻白鶴滯留在金山田野中
許是與親鳥失散而迷途
那是一隻羽毛未豐的小白鶴
如何飛過高山　橫渡海峽

金山的田野濕地
那鮮美的田螺、魚蝦和蓮藕
養育了落單的侯鳥
純樸的金山在地人
不驚擾、不餵食保護這隻遠來的嬌客
任白鶴在蓮田、筊白筍田與濕地之間
覓食休憩

賞鳥人攜帶像機、望遠鏡等在路旁
捕捉白鶴的生活片段
有的人為了拍攝鶴飛鶴舞的曼妙鏡頭
守候終日　一如情人

轉眼又到秋冬時節
小白鶴已褪去金褐色的外衣
換上潔白燦亮的美麗羽毛
那強壯有力的雙翼
想必飛得又高又遠

假如有一天
當鶴群南飛
聽到同類的呼喚而離去
不知白鶴可記得
這塊一度養育牠的土地和這裏善良的人們
白鶴慢飛　慢慢飛

(青年日報副刊 2015 年 12 月 1 日)

交　錯

昨日車行高速公路上
掠過眼眸的美麗晚霞
今日經過已無從尋覓
只因今非昨是

走在熙來攘往的街頭
邂逅心儀的你
轉眼消失在人群裏
夢想重逢
機緣則難再

在曠野上
忽見流星劃過天際
急於觀賞那一道絢麗燦亮
竟忘了許願
懊惱　只因流星太短暫

日日遠眺窗外山上的樹林
想念那片濃綠涼蔭

却已無力登頂
惆悵　只因歲月不再

(青年日報副刊，2016 年 9 月 27 日)

紅海扇珊瑚

走過鐵堡

來到橋頭
鐵堡像是個鐵血驃悍的戰士
屹立海中文風不動
任海風呼嘯
任驚濤駭浪

鐵堡是塊永不淹沒的岩礁
它雄壯偉岸的地貌
深深吸引我的目光
獨自走過窄小的橋身
一腳踏入坑道裏
堡內無人　眼前一片漆黑

偶爾槍砲口傳來微弱的光
拌和著悶雷似的濤聲
想起在兩岸敵對的年代
鐵堡內壯烈犧牲的官兵
我默默祈禱　願堡內的忠魂安息

走出坑道口
堡頂上一叢仙人掌花開正盛
回頭望鐵堡
它早已完成時代賦與的使命
走入歷史
那是一頁不朽的詩篇

(青年日報副刊，2016 年 8 月 24 日)

馬祖鐵堡

風剪樹

我們這一族群
小小小的時候
植根於海岸的緩坡上

冬天強烈的東北季風來了
風伯終日呼嘯
我們為了要生存
根鬚伸入地裏
緊緊攀住岩石和泥土
彎腰歪斜著抵禦風伯的肆虐

季風年年來
我們一直保持著同一姿態抵擋
等待季節的更迭
在陽光、雨水和大地的滋養下
盤根錯節　蓊蓊鬱鬱

多年來
風伯的手是一把利剪

我們迎風面的髮被削落
枝幹壓往一邊兒斜去

雖然　我們一面無髮又歪斜
但　我們仍堅強地活著

(青年日報副刊，2016 年 7 月 9 日)

風 剪 樹

春 去

陽光淡淡
薄霧籠罩的櫻花林
恰似
一片潑灑了紅彩的雲霧

朝露凝結在密集的花朵上
畫眉鳥在枝頭歌唱
幾番春雨
落英滿地

踽踽繞行櫻花林中
俯拾地上的落花
想留住幾許春的容顏
卻忍不住感嘆春日太匆匆

話 秋

拾取數片紅葉入酒
釀成醉人的秋色
微醺中
你的容顏
停格在昨日

我寂寥的心
寫滿了綿長底思念
在風中
化為心上一聲愁

然而
西風雖無情
卻給大地帶來
一季的豐收
一季的色彩繽紛

(青年日報副刊，2016 年 3 月 17 日)

說　夢

June
妳在 Line 上說
昨夜我曾到妳的夢中
正和妳說話
回頭我又不見了
妳急著喊我的名字
天亮醒來感覺很真實

June
或許是久未見面
不禁撥動了思念的琴弦
就像那忍不住的春天

June　今夜
我盼望妳能入我夢裏
像往日一樣
結伴上山觀星賞月
到海邊踏浪

細數沙灘上留下的腳印
而　　我們還年輕

遠眺基隆嶼

夢中的麥田

我又回到鄉間小路
路旁景色既熟悉且陌生
午後斜陽拉長了我的影子
一路尋尋覓覓
尋覓斑駁的記憶

金色陽光下的田野
恍若
仍有兒時玩伴的歡笑聲
那久違了的童稚笑語
灑落在乾爽的麥田上
忽遠忽近

廣袤的田野延伸到山邊
麥穀的氣息凝結在鼻尖
長長的麥穗
隨風起伏
如海浪　一波波
壯麗而神祕

麥田印象
恆久定格在我童年的夢裡

與布拉格的雕像對話

海邊小鎮

木麻黃依戀著海洋
沙灘上留著旅人的足跡
長長的堤岸
銘刻著歲月的傷痕
陣陣海濤聲裏
仍有　那失落了的童稚笑語

老街上的四合院
錯落在新建的樓與樓之間
斑駁的粉牆
頹圮的門窗
屋頂瓦縫間的細草叢
勾勒出被遺忘的容顏

夜晚
霓虹燈閃耀
街邊小巷
搖滾樂嘶吼

胡琴聲幽揚

這是新與舊交織的年代

（文訊雜誌社 2014 年 9 月號）

馬尼拉灣的落日

窗　外

窗台上
一株不知名的花樹
綻放著串串紫色小花
粉蝶兒迎著晨曦
繞樹飛舞
蝶去蜂來
終日嗡嗡
到了夜晚
花樹下傳來幽微的蟲吟
蟲聲時斷時續
似有若無
伴我入眠
那是春日裏
窗外一角藍天
最美麗的風景

（文訊雜誌社 2014 年 9 月號）

月　光

風兒淡了窗前的風景
遠方的山嵐
有時繚繞在山腰
有時消失無影蹤
山谷中的浮雲
有風相隨
不知飄往何方

窗台上的花樹
循著時序更遞
變化四季顏色

多少年了　　唯有
窗前的明月永不變
那盈盈底月光啊
總勾起一縷縷思念
鎖住了
美麗的往日情懷

(青年日報副刊 2016 年 5 月 30 日)

秋　思

秋風吹來一季的蕭索
最是撩人愁思
紅葉入酒
思緒的翼子
便趁著醉意遁入時光隧道

時而駐足於無憂的童年
時而停留在青春的年代
在那一閃而逝的時空
穿梭下
再次歷經人生的悲歡離合

然而
酒意稍退
往事又如雲煙般的消失
只留下　幾許眷戀
　　　　幾許惆悵

(文訊雜誌社 2013 年 12 月號)

過　客

晨霧不知打何處來
聚了散
散了又聚

花園裏猶有一股菸草味
彷彿你未曾離去
仍等在曲徑通幽處

年年花開花謝
延續着深深的思念
也丈量記憶的長度

孤寂是戀人美麗的哀愁
你我無從設定
那裡是生命最終的驛站

(文訊雜誌社 2014 年 9 月號)

夜　雨

秋夜
冷雨敲窗
聲聲敲在心坎上
擾人清夢

窗外
雨霧濛濛
街燈昏暗
長巷無人

想為雨夜寫首詩
靈感卻在清明與混沌
虛無與真實之間
擺盪

(文訊雜誌社 2013 年 12 月號)

望 月

當阿波羅駕著金車消失在天邊
夜神便拉起黑紗深深籠罩蒼穹
月娘緩緩由東方升起
星子也次第登場

詩人說
有月光處就有詩詞
遊子說
有月光處就有鄉愁

於是
世人都有了望月情懷
那是千百年來
一個心結　無解

(文訊雜誌社 2013 年 12 月號)

落水記——給何風

夏日池塘裏
魚群、鳥兒、水鴨喧嘩
荷花自紅豔
岸上人兒沉醉

欲仿
詩仙李白水中撈月
無奈
池水泥深深幾許

和心雲「落水記」

正午荷池邊
紅花綠葉相映紅
荷花出水清
人兒忙留影

欲邀　群荷舞
奈何　足下空
噗通一聲
伴魚游

註：作者 何風

荷

送別——獻給延壽夫君

你
來自中原大地
來自古雲夢澤畔
來自一個小農村
在台成家立業
落地生根

昔
在位時
發揮所長
經天緯地
一生盡忠職守　清廉正直
仰不愧於天　俯不怍於人

今
將星殞落
如日月之更遞
永別了——我的夫君

願你安息主懷
並願將來在天國與你重逢

(寫於 2013 年 12 月 30 日)

作者與夫婿郭延壽同遊冰島黃金瀑布